ne rêve qu'à embarquer

ntimentale
us

adore les
activités artistiques

les farfeluches
SUR LA ROUTE
EN 315 MOTS

conception et texte d'Alain Grée
illustration de Luis Camps

CADET-RAMA • CASTERMAN

© Casterman 1974. – Droits de tra
E

eminée

bois de sapins

usine

manche à air

haie

lampadaire

car

hôtel-restaurant

remorque

store

P

parking

longue-vue

virage

bretelle

SAINT·CLAIR

péage

signal de sens interdit

semi-remorque

ambulance

ligne discontinue

carte routière

parapet

les routes

Quel plaisir de regarder les voitures, les camions filer sur l'autoroute ou traverser le village et s'arrêter au passage à niveau ! Les farfeluches passeraient toute la journée à les contempler. Au fait, combien de véhicules routiers peut-on voir dans ce paysage ?

les stations-service

Les farfeluches aiment se rendre utiles : les voici au travail dans une station-service. Ce n'est pas l'ouvrage qui manque ! Mais que fait Placide ? Attention ! L'automobiliste n'a pas demandé le plein... de sa voiture !

lanterne

store

panneau de signalisation

bonbons

capot

automobile

peau de chamois

tuyau d'arrosage

moteur

patinette

roue

seau

raclette

manomètre

fuite

batterie

tuyau à air

antigel

éponge

chambre à air

boîte à outils

arrosoir

6

drapeaux

porte

robinet

pince

escabeau

que d'eau

triangle de
signalisation

élévateur

gant

pompe
à essence

pneus

cartes routières

présentoir

bidons

boîtes

roulette

eau distillée

7

casquette

antenne

toit ouvrant

loriot

feuilles

peau de chamois

rétroviseur

pare-brise

volant

essuie-glace

capot

jonc

seau

bande de couleurs

clignotant

aile

éponge

calandre

phare

banane

plaque d'immatriculation

140PN

pare-chocs

roue

maillet

pneu

8

clés

chapeau

filet

coffre arrière

rame

réflecteur

fusil

feu arrière

poignée

rétroviseur extérieur

cabas

roue de secours

portière

valise

sac de voyage

ballon

chat

cardinal

cage

une automobile

C'est fou ce qu'on peut entasser dans une petite voiture. Pourtant, les farfeluches se demandent comment faire pour caser tous leurs bagages. Tiens, quelqu'un bricole sous le moteur. Qui cela peut-il bien être ?

9

automobile

semi-remorque

caravane

chevalet

crayons de couleur

marqueurs

camionnette

gomme

boîte de couleurs

ambulance

jeep

voiture de pompiers

les véhicules routiers

Comme c'est amusant de dessiner les différentes sortes de véhicules ! Surtout en couleurs. Mais que peut-on peindre quand on n'a que de la couleur blanche ? Certainement pas un... camion-citerne !

pinceau

moto

char d'assaut

bicyclette

godet

brosse

camion-citerne

dépanneuse

autocar

tubes
de peinture

tracteur

voiture de course

autobus

tranchet

chasse-neige

pot à eau

camion-benne

11

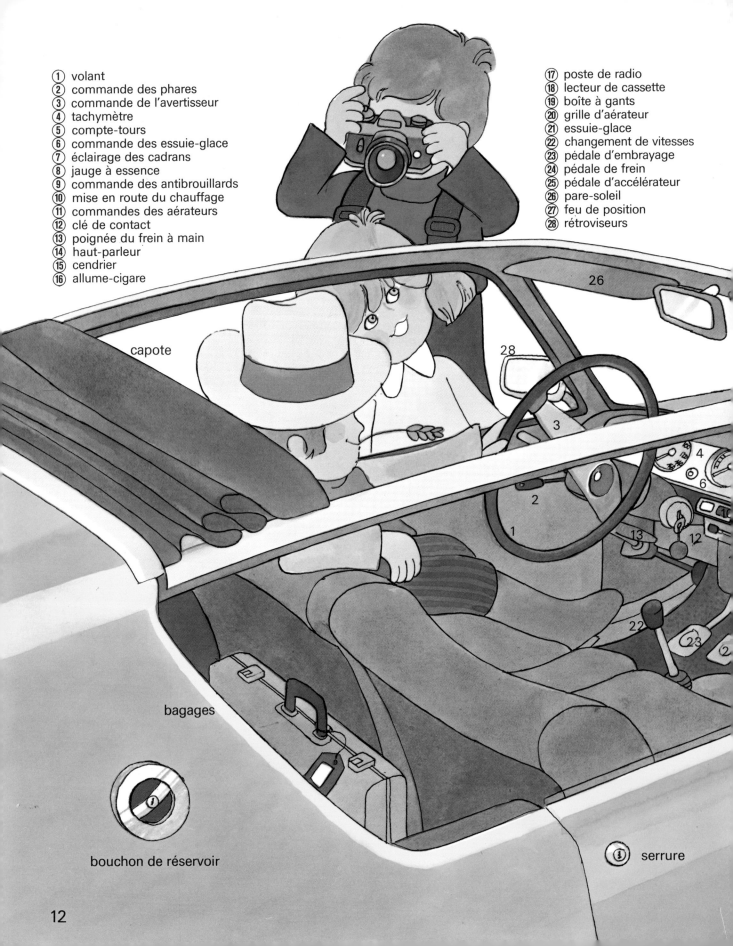

1. volant
2. commande des phares
3. commande de l'avertisseur
4. tachymètre
5. compte-tours
6. commande des essuie-glace
7. éclairage des cadrans
8. jauge à essence
9. commande des antibrouillards
10. mise en route du chauffage
11. commandes des aérateurs
12. clé de contact
13. poignée du frein à main
14. haut-parleur
15. cendrier
16. allume-cigare

17. poste de radio
18. lecteur de cassette
19. boîte à gants
20. grille d'aérateur
21. essuie-glace
22. changement de vitesses
23. pédale d'embrayage
24. pédale de frein
25. pédale d'accélérateur
26. pare-soleil
27. feu de position
28. rétroviseurs

capote

bagages

bouchon de réservoir

serrure

l'intérieur d'une voiture

Il y en a des manettes sur le tableau de bord d'une voiture ! Le garagiste assure que toutes sont utiles : pour démarrer, allumer les phares, écouter la radio, actionner les essuie-glace. Patrice s'imagine déjà au volant d'un bolide de sport ; hélas, il est trop petit pour atteindre les pédales !

capot

21

14

15

16

20

17

19

27

18

enjoliveur

plumeau

portière

roue

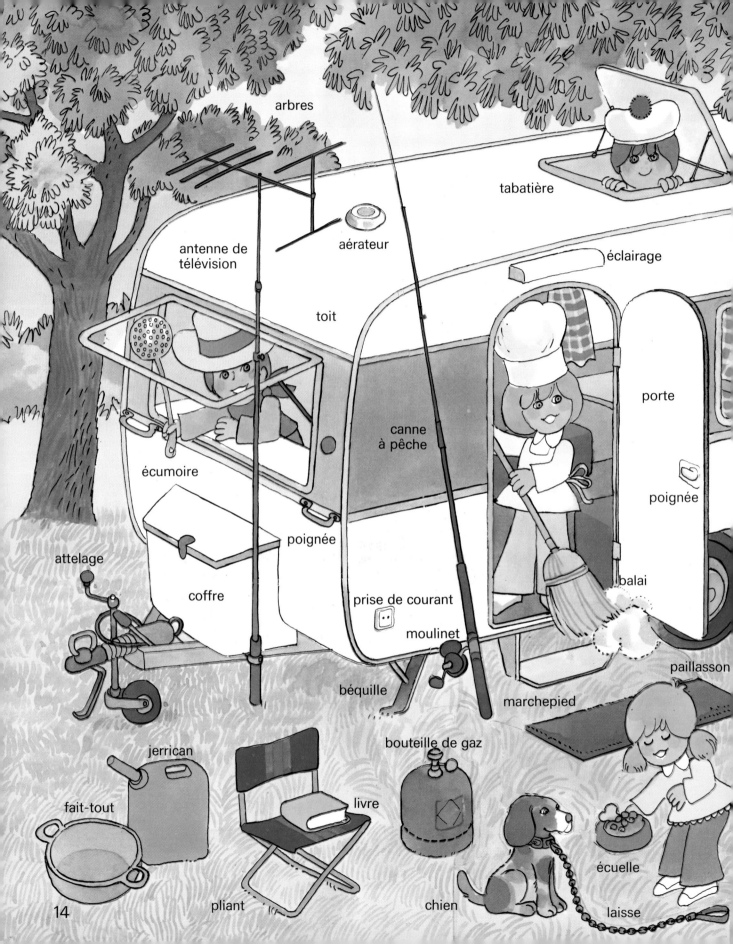

arbres

tabatière

aérateur

antenne de télévision

éclairage

toit

porte

canne à pêche

écumoire

poignée

poignée

attelage

coffre

balai

prise de courant

moulinet

paillasson

béquille

marchepied

jerrican

bouteille de gaz

fait-tout

livre

écuelle

pliant

chien

laisse

14

une maison sur roues

Quand on vit dans une caravane, on aime la nature et... le silence. C'est pour cela sans doute que la guitare de Dimitri n'a pas de cordes !

antenne de radio

parasol

papillon

deau

mésange

fanion

tente de camping

pompons

pièce

mât

sandwichs

guitare

piquets

matelas pneumatique

gonfleur

pot

assiettes

transistor

gobelet

table

fauteuil

paille

bouteille

lit pliant

masque de plongée

verre

aviron

glacière

bouée

palme

15

verbes de la route

Pour conduire une voiture, il ne suffit pas de mettre le contact et de démarrer : l'aventure commence à la sortie du garage ; il s'agit d'aiguiser ses réflexes, car si la route est passionnante, elle est aussi pleine d'embûches. Ouvrons l'œil... et le bon !

S'ARRÊTER

FREINER

DÉPASSER

TRANSPORTER

RÉPARER

TOURNER

REMORQUER

LAVER

RÉGLER

GRAISSER

MONTER

CHARGER

EMBOUTIR

KLAXONNER

FAIRE LE PLEIN

DÉRAPER

ACCÉLÉRER

terre

herbe

baraque

écl

benne

excavatrice

câble

camion

14

tranchée

fûts

madrier

chenilles

canalisations

tuyau

géomètre

lunette

pioche

pelle

manœuvre

gravier

corde

panneau de
signalisation

brouette

18

jalon

lanterne

palissade

empreintes

bulldozer

terrassier

boîte à conserve

marteau
pneumatique

cailloux

grillage

bétonnière

sable

citerne

robinet

parpaings

sacs de ciment

compresseur

seau

pierres

plan

attention, travaux!

Le chantier est en pleine activité : on cons-
truit une nouvelle route à la sortie de la ville.
Bonne occasion pour nos amis de faire
connaissance avec toutes sortes de machi-
nes. Tout le monde s'amuse ; mais où donc
ce diable de Patrice est-il encore passé ?

départ

CLÉS PLATES

CLÉS EN TUBE

MOTEUR

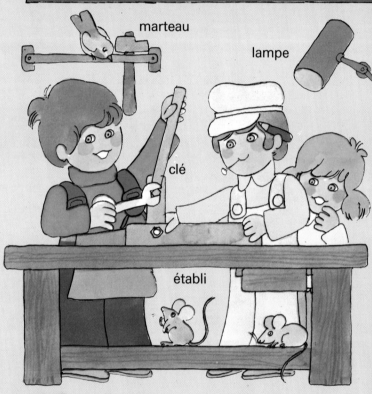

marteau

lampe

clé

établi

PISTON

VENTILATEUR

MEULE

arrivée

le jeu du garagiste

La partie se dispute à plusieurs. Découpez des pions dans du papier coloré ; prenez-en un chacun, posez-le sur la case de départ. A l'aide d'un dé, tirez au sort l'ordre de départ, puis lancez le dé tour à tour en avançant votre pion du nombre de cases indiqué par le dé. Deux cas peuvent alors se présenter : 1. La case sur laquelle vous vous arrêtez représente un outil : vous reculez de deux cases. 2. Elle représente une pièce appartenant à une voiture : vous avancez d'une case. On peut rejoindre ou dépasser un pion adverse. Le premier qui atteint l'arrivée (en tombant juste, sinon il recule) a gagné la partie. Bonne chance !

BATTERIE

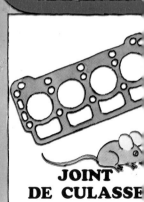

**JOINT
DE CULASSE**

PINCE

CARBURATEUR

SCIE

RADIATEUR

BALADEUSE

PERCEUSE

PHARE

CADRAN

RESSORT

VILEBREQUIN

BURETTE

PIGNON

PIED À COULISSE

CHARGEUR

BOUGIE

DÉMONTE-PNEU

Imprimé en Belgique par Casterman, s.a., Tournai.
D. 1974/0053/58.

melba

est déjà une parfaite

patrice

espère devenir un jour
aviateur

rodolphe

n'est heureux
un marteau à la main

junio

trente cinq kilos de muscles

placide

est plus distrait
que maladroit